CRITIQUE
D'UN LIVRE
CONTRE
LES SPECTACLES
INTITULÉ
J. J. ROUSSEAU,
CITOYEN DE GENÈVE,
A M. D'ALEMBERT.

A AMSTERDAM:

Et se trouve à Paris,

Chez { LAMBERT, Imprimeur-Libraire, rue & à côté de la Comédie Françoise, au Parnasse : & DUCHESNE, Libraire, rue S. Jacques, au Temple du Goût.

M. DCC. LX.

DISCOURS

PRÉLIMINAIRE.

AIMABLE & précieuse ignorance, véritable mere des humains ! Pourquoi vous êtes-vous défigurée à nos regards ?

Oh ! mes Peres, dans quel repos se filoit la trame de votre vie ! La satisfaction de vos besoins & les connoissances utiles vous offroient toujours des plaisirs sans mélange : vous vous contentiez de croire ce que vous sentiez : Et sans vous embarraſſer dans ce que vous ne comprenniez pas, vous n'interrompiez point le cours naturel de vos eſprits, vous ne les raſſembliez point inutilement dans votre cerveau, au détriment du reſte de vos organes : par l'exercice que vous faiſiez, vous les aidiez au contraire à circuler par tout votre corps : vivant tranquilles, vous viviez en ſanté, vous étiez gais & vigoureux.

Depuis la renaiſſance des Lettres, que notre état eſt changé ! Une foule de cerveaux brûlés s'eſt emparée de l'Imprimerie : l'orgueil a produit des Métaphyſiciens de toute eſpece : ils ont chaſſé la nature ; elle eſt devenue un problême. Avant que de ſuivre ſes impreſſions, il faut en rendre raiſon, les diſſéquer, les évaluer, les ſoumettre au ton du jour. Tout n'eſt aujourd'hui que ſyſtêmes ridicules.

Nos Eroſtrates modernes, cherchant ſans pudeur la célébrité, prétendent créer un homme nouveau : ils nous ont effrayés par les couleurs hideuſes dont ils ont peint nos penchans naturels, & ſont parvenus à nous faire honte des propriétés de notre être. » Vous » êtes dans l'erreur, » nous crient-ils inceſſamment ; » détruiſez vos paſ- » ſions ; ceſſez d'être ce que vous

» êtes, & devenez les phantômes de » nos imaginations.

Infideles Rhéteurs qui embarrassez notre simplicité dans vos sophismes, quand cesserez-vous de nous allarmer vainement? Quand commencerez-vous à nous être utiles en effet?

Vous qui prétendez nous faire accroire tant de choses extravagantes; qui nous assurez que nos sens nous font illusion; apprenez que ce que vous nommez illusion, cet éternel sujet de vos déclamations, que vous nous reprochez avec tant d'aigreur, est le principe ou l'occasion de vos jugemens ainsi que des nôtres. Tout n'est *presque* (*) sur la terre qu'illusion pour les hommes ; c'est leur seule réalité : ils parlent, ils s'agitent dans le mode des impressions qui les met en mouvement ; mais la cause de ces impressions en est cachée à tous.

La vérité n'est point pour nous dans les objets extérieurs ; elle réside intérieurement dans chacun : rien n'est *plus* certain que ce que nous sentons, & notre sentiment est la chose la plus constante, qui

(*) Les lettres italiques signifient dans ce Discours Préliminaire la même chose que dans les Notes de mon Essai sur la Nature du Chant.

existe véritablement pour nous dans l'Univers. Je n'ai pas besoin d'une boule pour en ressentir l'impression ; mes muscles, par leur propre mouvement, peuvent se trouver disposés de même que dans ce contact (1). D'ailleurs, je ne sçai si c'est une boule que je sens ; toutes choses n'étant que de rapport, leur essence nous est parfaitement inconnue (2) : elles ne vien-

(1) C'est ainsi qu'arrivent les reminiscences, les rêves, & tous ces mouvemens communicatifs à l'ame, où les plaisirs & les peines sont bien réels.

(2) Si une position ne convient pas plus à l'essence d'une chose qu'une autre ; si une disposition de nos organes n'est pas plus convenable qu'une autre aux fonctions de notre ame ; si un mouvement quelconque des rayons solaires n'est pas

nent point à nous dans leur propre forme, mais dans la forme que nous les présentent les divers milieux ou tamis par où elles passent, & font tels ou tels effets sur nous, selon la disposition de l'organe qu'elles frappent. Les feuilles d'un

---

plus propre qu'un autre à représenter dans nos yeux l'image des choses que nous voyons, comment pourrons-nous nous décider, lorsque les différentes positions d'un objet, les diverses dispositions de nos organes, & la variété des mouvemens de ce fluide subtil, qui fait la lumiere, nous feront voir, toucher & goûter différemment un même objet? *Léibnitz* a bien senti cette difficulté; c'est elle qui lui a fait embrasser le système des Monades, & réduire tout ce que nous éprouvons par les sens, à des phénomenes, c'est-à-dire, à des apparences. *Pirrhonisme du Sage*, §. 114.

arbre réfléchies ſur les globules de l'air, me paroiſſent vertes ; & à travers les pores ou conduits d'un priſme, elles ſont tout auſſi véritablement rouges pour moi.

Les divers ſentimens, que nous avons de la nature des choſes, peuvent donc n'être que des illuſions, puiſque ce ne ſont point les objets qui nous les procurent immédiatement, que ce ne ſont point eux dans leur réalité, & qu'ils ne ſont pas même néceſſaires. Ce partage de vérités & d'erreurs que chacun établit arbitrairement, ſoutient opiniâtrément, & veut faire accepter avec tyrannie, eſt la preuve caractériſtique de la plus honteuſe ignorance. Le ſentiment des autres, dans quelque nombre qu'ils ſoient, eſt un néant pour moi, juſqu'à ce que j'en éprouve un pareil.

La vérité ou perſuaſion intime, naît du tact particulier : elle ne peut être de convention, & on s'abuſe ſoi-même, quand on croit croire ſur caution. Les Apôtres demandoient à Dieu qu'il touchât les Gentils.

Je ſerois fou de ne pas croire vrai ce que je ſens, par quelque organe que ce ſoit : mais je ſerois extravagant ſi je décidois que tout ce qui me paroîtroit être mes ſemblables, dût ſentir comme moi, & ſi je voulois les y obliger : c'eſt cependant la prétention de tous ces dogmatiſtes qui nous inondent de leurs rêveries. M. Rouſſeau veut diriger juſqu'à mes plaiſirs, & m'apprendre l'effet qu'ils font ſur moi.

Lorſque je vais à l'Opera (quoique je convienne qu'il n'eſt peut-être pas auſſi bon qu'il pourroit être) mon ſang ſe calme, mon imagination s'adoucit, & mon ami éprouve le même effet.

La Tragédie & pluſieurs Comédies me remuent extrêmement, & me donnent une émulation inexprimable. L'impreſſion bien faite de la vertu ne s'efface point. La premiere Comédie que j'ai vûë, fut Timon Misantrope : quand j'entendis Arlequin lui dire : » Et » que me faisoit cela ; je méritois » moi, de faire de bonnes actions : » je me sentis pénétré d'une lumiere qui échauffa mon cœur, qui y fit éclorre une autre forme de sentimens : il sembloit que j'acquérois un nouvel être : il ne s'est pas encore passé un seul jour sans que cette idée ne me soit revenue : & depuis plus de trente ans, je cherche & m'empresse à faire tout le bien qui est en mon pouvoir.

Je m'imagine que d'autres hommes ſont organiſés comme moi, & par conſéquent reçoivent une même impreſſion.

Eh! qu'on veuille nous perſuader aujourd'hui, par un diſcours captieux, que les Spectacles ſont l'école du vice, que les vertus même qu'on y préſente menent au crime, devons-nous le croire par préférence à ce que nous ſentons? M. Rouſſeau dit (1) que quand une Françoiſe croit chanter, elle aboye (2); que la Comédie eſt infame par ſa nature, & que les Ac-

(1) Dans ſa Lettre ſur la Muſique Françoiſe. *Page* 91.

(2) Dans le Livre objet de la préſente Critique.

teurs & les Spectateurs ſont tous des ſcélérats dignes du gibet.

J'avoue que cette licence effrénée d'un Particulier ſans caractere, nourri dans nos Théâtres, qui oſe faire publier à Paris un Libelle auſſi monſtrueux, contre une Nation dont il n'a qu'à ſe louer, m'a révolté ; & je n'ai pu m'empêcher de faire la critique de ſon Livre, malgré toute la faveur où ſa façon d'écrire & la nouveauté des idées qu'il préſente, le mettent aujourd'hui auprès du Public.

Je joins à cette Critique les endroits de ſon Livre même, dans leſquels, oubliant l'intérêt de ſon ſyſtême, il parle dans la vérité, & fait comme une eſpece d'amende honorable à l'humanité.

J'ajoute l'opinion de M. de Voltaire qui, ayant travaillé, ainſi que M. Rouſſeau, pour le Théâtre, doit, ce me ſemble, être écouté dans cette cauſe, du moins autant que lui ; & je finis par une Lettre, que j'écrivis il y a bien des années, dont je retrouve par hazard le brouillon.

M. Rouſſeau ſçaura par cette petite Diſſertation ſur le Théâtre, qu'on a vu tout ce qu'il voit, mais qu'on l'a vu différemment : il pourra y remarquer auſſi comment les gens

gens vertueux ſe communiquent leurs idées, & que la douceur & la politeſſe ſont les fidelles compagnes de l'honnêteté des mœurs.

On m'a dit que M. Rouſſeau étoit hypocondriaque au troiſiéme degré ; je le plains : car M. Boërhaave (ce Deſcartes de la Médecine) dit que cette maladie eſt pire que la mort : il a raiſon ; car la mort *peut* ne point faire de mal, & l'hypocondrie livre ſa victime à la noire fureur de ſon bitume corroſif.

(1) Je conſeille à M. Rouſſeau,

(1) Il dit, page 31 de la Préface de ſa Co-

s'il a quelque intervalle, d'enterrer dans ces momens-là ce que ſa bile exaltée aura pu lui faire produire : les pores de tous nos mélancoliques ſont ouverts pour recevoir ſes poiſons : & c'eſt doubler ſes maux que de les communiquer.

Qui oublie plus eſſentiellement la vertu & ſes devoirs, que celui qui ſe déclare affirmativement l'ennemi de la ſociété ? Qui bâtit une

médie de Narciſſe : *S'ils remarquent* (*les hommes*) *que l'amour de la réputation me faſſe oublier celui de la vertu, je les prie de m'en avertir, & même publiquement, & je leur promets de jetter à l'inſtant au feu mes Ecrits & mes Livres, & de convenir de toutes les erreurs qu'il leur plaira de me reprocher.*

rapſodie de paradoxes tirés de la fable des Abeilles (1), pour tromper les hommes, & leur faire croire qu'ils ſont faits pour vivre ſeuls dans les forêts ?

Il ſe dévoile lui-même, quand il dit dans ce même Livre contre les Spectacles, page 223 : » Le » plus méchant homme eſt celui qui » s'iſole le plus, qui concentre le » plus ſon cœur en lui-même : le » meilleur eſt celui qui partage également ſes affections à tous ſes » ſemblables ».

(1) Quoique contraires dans leurs principes, leur réſultat ſe trouve le même : ces deux grands Ecrivains ſont à l'uniſſon pour les injures.

BLAISE Pascal a tort, il faut en convenir;
Ce pieux Misantrope! Héraclite sublime!
Qui pense qu'ici-bas tout est misere & crime. (*)

(*) M. DE VOLTAIRE, Lettre au Roi de Prusse.

REMARQUES

SUR LE LIVRE

DE J. J. ROUSSEAU,

CONTRE LES SPECTACLES.

TEXTE.

Page 13.

VOus ſerez ſûrement le premier Philoſophe (M. d'Alembert) qui jamais ait excité un Peuple libre, une petite Ville, & un Etat pauvre à ſe charger d'un Spectacle public.

Page 14.

Tout amuſement inutile eſt un mal pour un être dont la vie eſt ſi courte & le temps ſi précieux.

Pages 15 & 16.

L'on croit s'aſſembler au Spectacle, & c'eſt-là que chacun s'iſole : c'eſt-là qu'on va oublier ſes amis, ſes voiſins, ſes proches, pour s'intéreſſer à des fables, pour pleurer les malheurs des morts, ou rire aux dépens des vivans. Mais j'aurois dû ſentir que ce langage

RÉPONSE.

I.

LEs Spectacles par eux-mêmes ne ſont point contraires à la Philoſophie ; la ſeule erreur de M. d'Alembert eſt peut-être d'avoir propoſé de les établir à Genève.

II.

Le mal par rapport à l'homme eſt la ſouffrance & le dégoût, non l'amuſement & l'émotion dont il a eſſentiellement beſoin.

III.

Qu'importe ſi les ſujets ſont morts ou vivans ? Ce ſont les vertus qui intéreſſent, & elles ſont toujours vivantes. La Salle d'un Spectacle eſt le cabinet des honnêtes gens ; c'eſt-là qu'ils viennent penſer, s'échauffer, s'exciter vers l'honnête & le beau ! un Spectacle vertueux eſt la nourriture des ames, il en eſt l'exercice, non l'oiſiveté.

TEXTE.

n'eſt plus de ſaiſon dans notre ſiécle. Tâchons d'en prendre un qui ſoit mieux entendu.

Page 17.

Quand à l'eſpece des Spectacles, c'eſt néceſſairement le plaiſir qu'ils donnent, & non l'utilité qui les détermine (1); ſi l'utilité peut s'y trouver, à la bonne heure.

Pages 21 & 22.

Quand Arlequin Sauvage eſt ſi bien accueilli des Spectateurs, penſe-t'on que ce ſoit par le goût qu'ils prennent pour le ſens & la ſimplicité de ce perſonnage, & qu'un ſeul d'entr'eux voulût pour cela lui reſſembler ? C'eſt tout au contraire, que cette Piece favoriſe

(1) Les Auteurs.

RÉPONSE.

I V.

Cette ſeconde condition n'eſt pas indifférente, c'eſt au contraire le principal moyen exigé, & c'eſt l'eſſence d'une bonne Piece.

V.

La ſimple nature plaît dans Arlequin Sauvage, parce que nous ne pouvons nous détacher d'elle, & que nous aimons à nous voir dans cette nudité.

TEXTE.

leur tour d'eſprit, qui eſt d'aimer & rechercher les idées neuves & ſingulieres, & il n'y en a point de plus neuves pour eux que celles de la nature. C'eſt préciſément leur averſion pour les choſes communes, qui les ramene quelquefois aux choſes ſimples.

Page 22.

Il s'enſuit de ces premieres obſervations, que l'effet général du Spectacle eſt de renforcer le caractere national, d'augmenter les inclinations naturelles, & de donner une nouvelle énergie à toutes les paſſions.

Page 25.

Le Théâtre purge les paſſions qu'on n'a pas, & fomente celles qu'on a. Ne voilà-t'il pas un remede bien adminiſtré ?

RÉPONSE.

V I.

Pour rendre le Spectacle utile, il n'y a donc qu'à choisir les passions vertueuses.

V I I.

M. Rousseau est prié de nous faire appercevoir le sel ou le bon sens de cette plaisanterie.

TEXTE.

Note de la Page 24.

Qu'on mette pour voir ſur la Scene Françoiſe un homme droit & vertueux, mais ſimple & groſſier, ſans amour, ſans galanterie, & qui ne faſſe pas de belles phraſes ; j'aurai tort ſi l'on réuſſit.

Page 26.

L'opinion n'en dépend point (du Théâtre), puiſqu'au lieu de faire la loi au Public, le Théâtre la reçoit de lui.

Page 30.

Que va-t'il voir au Spectacle (le Méchant) ? Préciſément ce qu'il voudroit trouver par-tout, des leçons de vertu pour le Public, dont il s'excepte, & des gens immolant tout à leur devoir tandis qu'on n'exige rien de lui.

RÉPONSE.

VIII.

Le groſſier ſans doute nous déplairoit ; partout il nous paroît un défaut ; mais la droiture & la franchiſe, qui ne ſeroient pas traitées d'une façon burleſque, nous intéreſſeroient ſans autre ſecours ; elles crient ſans ceſſe au fond de notre ame.

IX.

L'opinion publique s'y ſoumet à la longue : Qui a poli les mœurs & le langage des Athéniens, ſi ce n'eſt leur Théâtre ?

X.

Le méchant pourroit profiter de la pratique des vertus qu'on feroit aimer aux hommes ; donc il ne faut pas exciter les hommes à la vertu ? Quelle concluſion !

TEXTE.

Pages 35 & 36.

Ces productions d'esprit, comme la plûpart des autres, n'ont pour but que les applaudissemens.

Quand l'Auteur en reçoit, & que les Acteurs les partagent, la Piece est parvenue à son but, & l'on n'y cherche point d'autre utilité. Or si le bien est nul, reste le mal ; & comme celui-ci n'est point douteux, la question me paroît décidée.

Page 49.

Tout en est mauvais & pernicieux (de la Comédie), tout tire à consé-

RÉPONSE.

XI.

Les applaudissemens que les Auteurs s'efforcent de mériter, sont ordinairement ceux qui peuvent leur rapporter une réputation de bonnes mœurs & de vertu, parce qu'elle est la seule qui donne de la considération.

Si la Piece nous arrache des larmes, ou de pitié pour un innocent malheureux, ou de joye pour un opprimé qui triomphe; si elle peint dignement quelque vertu; si elle inspire de l'horreur pour quelque vice, elle aura les applaudissemens qui lui sont dus; les Acteurs jouiront de ceux qu'ils méritent; le Spectateur lui-même s'applaudira d'avoir été sensible.

Ainsi je ne conçois pas comment dans ces productions d'esprit le bien est nul, & que le seul mal reste. Je nie la majeure de cette hypothese scholastique.

XII.

Rendre ridicule les vices & les défauts, ce qui est l'effet du Comique, c'est fortifier & rendre

TEXTE.

quence pour les Spectateurs ; & les plaisirs même du Comique étant fondés sur un vice du cœur humain, c'est une suite de ce principe, que plus la Comédie est agréable & parfaite, plus son effet est funeste aux mœurs.

Page 73.

Je ne ferai pas à Dancourt l'honneur de parler de lui.

Page 75.

Nos Auteurs modernes, guidés par de meilleures intentions, font des Pieces plus épurées.

Page 80.

Quand il seroit vrai qu'on ne peint au Théâtre que des passions légitimes, s'ensuit-il de-là que les impressions en sont plus foibles, que les effets en sont agréables

agréables les vices du cœur humain. Quel faux jour eſt ceci ! Heureuſement il eſt aiſé à appercevoir.

XIII.

Que M. Rouſſeau nous permette de trouver plaiſant ce ſouverain mépris de l'Auteur de Narciſſe pour l'Auteur des trois Couſines.

XIV.

Aveu de ſa part qu'il exiſte des Pieces où l'on enſeigne la vertu.

XV.

Qu'un ſentiment faux eſt difficile à ſoutenir ! plus on parle & plus on s'avilit. Enfin, ſelon M. Rouſſeau, c'eſt une corruption que d'enſeigner la vertu & l'innocence des inclinations, parcequ'on peut en abuſer ! La paſſion eſt en

TEXTE.

moins dangereux ? Comme ſi les vives images d'une tendreſſe innocente étoient moins douces, moins ſéduiſantes, moins capables d'échauffer un cœur ſenſible, que celles d'un amour criminel à qui l'horreur du vice ſert au moins de contrepoiſon ? Mais ſi l'idée de l'innocence embellit quelques inſtans le ſentiment qu'elle accompagne, bien-tôt les circonſtances l'effacent de la mémoire, tandis que l'impreſſion d'une paſſion ſi douce reſte gravée au fond du cœur..... D'une action fort honnête faire un exemple de corruption : voilà l'effet des amours permis au Théâtre.

Page 93.

Pour moi je crois entendre chaque Spectateur dire en ſon cœur à la fin de la Tragédie : Ah ! qu'on me donne une

RÉPONSE.

nous, ce n'eſt point elle que nous acquérons au Théâtre, mais préciſément les circonſtances qui l'embelliſſent, qui s'uniſſent à notre penchant, & le décident pour l'honnête.

XVI.

Mauvais bon mot d'une imagination ardente de jeune homme, que les nouveaux protecteurs de M. Rouſſeau approuveront ſans doute!

TEXTE.

Zaïre, je ferai bien en sorte de ne la pas tuer.

Page 97.

Je crois qu'on peut conclure de ces considérations diverses, que l'effet moral du Spectacle & des Théâtres ne sçauroit jamais être bon ni salutaire en lui-même.

Page 100.

Dans une grande ville pleine de gens intrigans, désœuvrés, sans religion, sans principes, dont l'imagination dépravée par l'oisiveté, la fainéantise, par l'amour du plaisir, & par de grands besoins, n'engendre que des monstres, & n'inspire que des forfaits; dans les grandes villes où les mœurs & l'honneur ne sont rien, parce qùe chacun dérobant aisément sa conduite

RÉPONSE.

XVII.

Même de ces considérations diverses que nous venons d'entendre, cette conclusion positive me paroît hazardée. Qu'on la mette vis-à-vis des principes que j'ai rappellés sur les conditions d'une bonne Piece.

XVIII.

Calomnie atroce, qui attaque par un écrit public tous les peuples policés! Oser dire que les grandes villes ne sont pleines que de scélérats, c'est être soi-même partisant du vice, c'est lui donner le principal attribut de la vertu : elle seule fait le lien des hommes : le crime les désunit : une société qui subsiste, présente nécessairement l'idée d'urbanité & de mœurs : L'oisiveté & la fainéantise se trouvent dans les forêts; le travail & l'industrie dans les villes.

Le peuple François est sobre, laborieux,

TEXTE.

aux yeux du public, ne ſe montre que par ſon crédit, & n'eſt eſtimé que par ſes richeſſes ; la Police ne ſçauroit trop multiplier les plaiſirs permis, ni trop s'appliquer à les rendre agréables, pour ôter aux particuliers la tentation d'en chercher de plus dangereux. Comme les empêcher de s'occuper, c'eſt les empêcher de mal faire, deux heures par jour, dérobées à l'activité du vice, ſauvent la douziéme partie des crimes qui ſe commettroient.

Page 108.

Je n'ai rien retenu de leurs mœurs, de leurs ſociétés, de leurs caracteres, (des Montagnons). Aujourd'hui que j'y porterois d'autres yeux, faut-il ne revoir plus cet heureux pays ? Hélas il eſt ſur la route du mien !

RÉPONSE.

ſpirituel, induſtrieux ; il a la douceur de ſon climat ; il n'engendre point de monſtres ; il n'eſt point couvert de forfaits. Magiſtrats qui le gouvernez, puniſſez ſes calomniateurs ; dès qu'il verra que vous l'eſtimez, il ſe reſpectera lui-même ; l'ambition d'être eſtimable germera dans ſon cœur ; il acquérera du nerf ; il ſe perfectionnera dans la vertu & dans les mœurs.

XIX.

Ceci eſt une hiſtoire détachée, dont on ne voit ni l'à-propos, ni le but : M. Rouſſeau met ces Montagnons, dont il a oublié les mœurs, la ſociété & le caractere, au-deſſus de tous les peuples de la terre. Il lui falloit un peuple qu'il ne connût pas, pour pouvoir en aimer un. Il regrette auſſi ſon pays : (quoiqu'il diſe dans un

TEXTE.

Page 110.

Dieu veuille qu'on n'y mette pas des lanternes, (chez les Montagnons.)

Page 112.

En certains lieux les Spectacles seront utiles pour rendre les gens riches moins mal-faisants ; pour distraire le peuple de ses miseres ; pour lui faire oublier ses Chefs en voyant ses Baladins ; pour maintenir & perfectionner le goût quand l'honnêteté est perdue ; pour couvrir d'un vernis de procédés la laideur du vice ; pour empêcher, en un mot, que les

RÉPONSE.

autre endroit, que la politeſſe & l'urbanité qui commencent a y paroître dans la jeuneſſe, le choquent terriblement.) Qu'il ſe ſatisfaſſe, & nous laiſſe dans nos Villes avec nos défauts: il doit abandonner des hommes pervertis, & aſſez dégradés pour chercher à s'amuſer, & pour aimer à être enſemble.

XX.

Il lui étoit réſervé de trouver mauvais l'établiſſement des lanternes dans Paris.

XXI.

Répétitions des mêmes injures.

TEXTE.

mauvaiſes mœurs ne dégénerent en brigandage.

Page 113.

De ces nouvelles réflexions il réſulte une conſéquence directement contraire à celle que je tirois des premieres.

Page 115.

Des Spectacles & des mœurs ! Voilà ce qui formeroit vraiement un ſpectacle à voir.

Page 118.

Quant au choix des inſtrumens propres à diriger l'opinion publique, c'eſt une autre queſtion qu'il ſeroit ſuperflu de réſoudre pour vous, & que ce n'eſt pas ici le lieu de réſoudre pour la multitude.

RÉPONSE.

XXII.

Laquelle faut-il croire ?

XXIII.

Fauſſe plaiſanterie, puiſque cela n'eſt nullement incompatible.

XXIV.

M. Roſſeau croit ſuperflu de prouver ce qu'il avance à la multitude (c'eſt-à-dire, à nous autres) : mais il trouve convenable de donner plutôt des leçons ſur le Tribunal des Maréchaux de France. Cette épiſode de la cour d'honneur prouve combien il a de ſuite dans l'eſprit.

TEXTE.

Page 133.

Le hasard, mille causes fortuites, mille circonstances imprévues, font ce que la force & la raison ne sçauroient faire.

Page 135.

L'état des Comédiens est un état de licence & de mauvaises mœurs; les hommes y sont livrés au désordre; les femmes y menent une vie scandaleuse.

Page 136. Note.

Si les Anglois ont inhumé la célebre Oldfied à côté de leurs Rois, ce n'étoit pas son métier, mais son talent qu'ils vouloient honorer.

RÉPONSE.

XXV.

Le hasard est un être de raison, un mot vuide, inventé par l'ignorance : ce que nous nommons hasard, ce que nous croyons fortuit, est un résultat dont nous ignorons le calcul, de même que l'axiome que nous croyons le plus certain.

XXVI.

Vices de caractere, & non de profession !

XXVII.

Cette distinction ne peut avoir lieu. Quel étoit le talent de la célebre Oldfield, si ce n'étoit celui de son métier ? Et si ce métier eut été réputé infame, comment auroit-on pû honorer & récompenser l'art de le bien exercer ?

TEXTE.

Page 141.

La Tragédie chez les Grecs n'étant d'abord jouée que par des hommes, on ne voyoit point ſur leur Théâtre ce mélange ſcandaleux d'hommes & de femmes, qui fait des nôtres autant d'Ecoles de mauvaiſes mœurs.

Page 144.

Quel eſt l'eſprit que le Comédien reçoit de ſon état ? Un mélange de baſſeſſe, de fauſſeté, de ridicule orgueil, & d'indigne aviliſſement, qui le rend propre à toutes ſortes de perſonnages, hors le plus noble de tous, celui d'homme qu'il abandonne.

Page 147.

Y a-t'il rien de plus odieux, de plus choquant, de plus lâche, qu'un honnête homme à la Comédie, faiſant le rôle

RÉPONSE.

XXVIII.

Où eſt le ſcandale à voir des hommes & des femmes enſemble ? C'eſt l'ordre de la nature : & il me paroît plus ſcandaleux de voir les hommes faire le rôle des femmes. N'imitons point en cela les Grecs.

XXIX.

Un Comédien peut n'être point cela : ce n'eſt point ſon eſſence.

XXX.

Eſt-il permis de donner ces couleurs à un amuſement ſans conſéquence, que nous nous procurons dans nos ſociétés ?

TEXTE.

d'un ſcélérat, & déployant tout ſon talent pour faire valoir de criminelles maximes, dont lui-même eſt pénétré d'horreur ?

Page 147.

Dans ce ſiecle, où regnent ſi fierement les préjugés & l'erreur ſous le nom de Philoſophie, les hommes abrutis par leur vain ſçavoir, ont fermé leur eſprit à la voix de la raiſon, & leur cœur à celle de la nature.

Page 148.

Les Angloiſes ſont douces & timides.

Page 148.

Les Anglois & les Angloiſes ont tous deux un grand reſpect pour les choſes honnêtes.

XXXI.

RÉPONSE.

XXXI.

Il se peint lui-même, s'écrieroit ici le Lecteur indigné, s'il ne craignoit de lui ressembler.

XXXII.

On ne croyoit pas que ce fussent leurs vertus caractéristiques.

XXXIII.

» Chaque homme, chaque action a son prix; » voilà leur principe; c'est le fondement de leur société.

TEXTE.

Page 149.

Les Dames Angloiſes errent auſſi volontiers dans leurs Parcs ſolitaires, qu'elles vont ſe montrer à Vaux-Hall. De ce goût commun pour la ſolitude, naît auſſi celui des lectures contemplatives & des Romans, dont l'Angleterre eſt inondée (*t*).

Note.

(*t*) Ils ſont, comme les hommes, ſublimes ou déteſtables.

Page 150.

La honte & la pudeur ſont dans les femmes inſéparables de l'honnêteté.

Page 150.

A l'inſtant va s'élever contre moi cette Philoſophie d'un jour, qui naît & meurt dans le coin d'une grande Ville, & veut étouffer de-là le cri de la nature, & la voix unanime du genre humain.

RÉPONSE.

XXXIV.

Preuve admirable de leur ſolidité, que leur paſſion pour les Romans !

XXXV.

Ils ne ſont point ſublimes.

XXXVI.

Pourquoi la honte ? Ce n'eſt pas un crime d'être femme, & la honte ne ſuit que le crime.

XXXVII.

La reconnoiſſance ne paroît point être la vertu de M. Rouſſeau.

TEXTE.

Pages 151 & 152.

Préjugés populaires ! me crie-t'on. Petites erreurs de l'enfance ! Pourquoi rougirions-nous des besoins que nous donna la nature ? Pourquoi trouverions-nous un motif de honte dans un acte aussi indifférent en soi & aussi utile dans ses effets ? . . . . . Par cette maniere de raisonner, ceux qui ne voyent pas pourquoi l'homme est existant, devroient nier qu'il existe.

Page 153.

Les desirs sont égaux ! Qu'est-ce à dire ? Y a-t'il de part & d'autre mêmes facultés de les satisfaire ? Que deviendroit l'espece humaine, si l'ordre de l'attaque & de la défense étoit changé ? L'assaillant choisiroit au hasard des temps où la victoire seroit impossible ;

RÉPONSE.

XXXVIII.

Fausse réfutation ! La pudeur ou timidité naturelle, qui naît de la délicatesse des organes, n'est point trouvée ridicule ; mais peut-être la loi qui la met en précepte, qui en donne des regles, & qui honore & deshonore les femmes pour le même acte.

XXXIX.

Raison originale ! Il imagine les femmes bien mal-adroites !

TEXTE.

l'aſſailli ſeroit laiſſé en paix, quand il auroit beſoin de ſe rendre, & pourſuivi ſans relâche, quand il ſeroit trop foible pour ſuccomber.

Pages 158. & 159.

L'argument tiré de l'exemple des bêtes, ne conclut point & n'eſt pas vrai. L'homme n'eſt point un chien ni un loup. Il ne faut qu'établir dans ſon eſpece les premiers rapports de la ſociété, pour donner à ſes ſentimens une moralité toujours inconnue aux bêtes. Les animaux ont un cœur & des paſſions; mais la ſainte image de l'honnête & du beau, n'entra jamais que dans le cœur de l'homme.

RÉPONSE.

X L.

Palinodie formelle de l'Auteur ! Un vrai Philosophe emploiroit-il de pareils raisonnemens ?

Un homme n'est pas un chien, un singe n'est pas un renard, qu'est-ce que cela prouve ?

Il s'agit ici, ce me semble, des passions & de la façon de les satisfaire. M. Rousseau accorde aux animaux un cœur & des passions comme aux hommes, voilà la ressemblance que l'on veut établir ; il oublie le démenti qu'il vient de donner.

Qui dispute que notre espece n'aît une idée de l'honnête & du beau ? Mais l'honnête & le beau se trouvent-ils dans une pudeur artificielle & d'éducation, plutôt que dans la candeur & la bonne foi ?

TEXTE.

Page 165.

Par le progrès de la politesse elle a du enfin dégénerer en grossiereté. C'est ainsi que la modestie naturelle au sexe est peu à peu disparuë, & que les mœurs des vivandieres se sont transmises aux femmes de qualité.

Page 171.

Je n'aurois rempli qu'imparfaitement ma tâche, si je ne cherchois sur notre situation particuliere, ce qui résultera de l'établissement d'un Théâtre dans notre ville.

RÉPONSE.

XLI.

Quoi, on punit d'exil & de prison, les premiers d'un Etat, pour une chanson d'un jour que leur jeunesse a fait éclore, qui ne satyrise qu'en particulier ! Et on laisse vomir, imprimer, & distribuer au Citoyen de Genéve, des libelles infames, contre ce qu'il y a de plus respectable dans les Nations !

Les femmes de qualité, dit-il, sont parvenues à avoir les mœurs des Vivandieres ! J'ai voyagé ou connu toute l'Europe, & partout j'ai trouvé la décence de chaque pays généralement observée.

XLII.

Qui est-ce qui a donné cette tâche à M. Rousseau ?

TEXTE.

Page 188.

Qu'un Monarque gouverne des hommes ou des femmes, cela lui doit être assez indifférent, pourvu qu'il soit obéï; mais dans une République il faut des hommes.

Page 194. Note.

Les écrits des femmes sont tous froids & jolis comme elles; ils auront tant d'esprit que vous voudrez, jamais d'ame; ils seroient cent fois plutôt sensés que passionnés. Elles ne savent ni décrire ni sentir l'amour même.

RÉPONSE.

XLIII.

Ce n'eſt pas préciſément la quantité de monde que l'on gouverne, ni ſon obéiſſance paſſive qui fait la force & le crédit d'un Royaume, c'eſt le nerf & l'induſtrie de chaque membre; & un Royaume, pour fleurir, en exige davantage qu'un République, d'autant qu'ils ſont moins excités.

Ainſi il eſt faux qu'il ſoit indifférent à un Monarque de gouverner des hommes ou des femmes.

XLIV.

Le Citoyen de Genéve eſt encore le premier qui ait accuſé les femmes d'être froides, & de ne pouvoir ni exprimer ni ſentir l'amour. Eh, Héloïſe? Eh tant d'autres? Toutes ſes accuſations vont à notre deſtruction; mais il faut eſpérer qu'on en rappellera, dès qu'on ſera ſorti de l'étonnement que la ſingulatité & la cauſticité de ce nouveau Diogene cauſe à tout le monde.

TEXTE.

Pages 206 & 207.

Le vin tente moins la jeunesse & l'abat moins aisément ; un sang ardent lui donne d'autres desirs ; dans l'âge des passions toutes s'enflamment au feu d'une seule, la raison s'altere en naissant, & l'homme encore indompté devient indisciplinable avant que d'avoir porté ce joug des loix.... Il se rend l'ennemi public par l'exemple & l'effet de ses mœurs corrompues..... Il vaudroit mieux qu'il n'eût point existé.

Page 227.

Qu'est-ce au fond que ce goût si vanté ? L'art de se connoître en petites choses.

Page 248.

Je voudrois qu'en général, dans les bals que je propose, toute personne

RÉPONSE.

XLV.

Comment la raiſon étoit-elle avant que de naître ? A quel propos cette fureur aſſaſſine contre tous les jeunes gens répandus ſur la terre, & qui ſont l'eſpérance de chaque Pays ? Il ne reſtoit plus qu'eux à détruire.

XLVI.

Quelle définition du goût ! Le goût embraſſe tout : c'eſt la juſteſſe du tact, c'eſt la vérité même.

XLVII.

Voilà une autre ſingularité : la danſe eſt un exercice ſalutaire à la ſanté, comme la pro-

TEXTE.

mariée y fût admiſe au nombre des ſpectateurs & des juges, ſans qu'il fût permis à aucune de profaner la dignité conjugale en danſant elle-même : car à quelle fin honnête pourroit-elle ſe donner ainſi en montre au public ?

Page 257.

A Sparte, dans une laborieuſe oiſiveté, tout étoit plaiſir & ſpectacle.

Page 258.

Penſe-t'on qu'au fond l'adroite parure de nos femmes ait moins ſon danger, qu'une nudité abſolue, dont l'habitude tourneroit bientôt les premiers effets en indifférence & peut être en dégoût ?

RÉPONSE.

menade : quoi ! exciter le mouvement, le broyement de nos liquides & les reſſorts de nos ſolides, c'eſt profaner la dignité conjugale ?

J'ignore cette dignité conjugale, qui m'empêche de me faire du bien en me divertiſſant : je ne connois de dignité naturelle que la dignité paternelle, & je danſe encore ſans croire bleſſer celle-ci, tout comme ſes chers Spartiates, dont il nous donne lui-même les fêtes pour modele.

XLVIII.

Laborieuſe oiſiveté eſt volé au Prince Perſiflès.

XLIX.

Serions-nous moins bien organiſés que les autres animaux ?

TEXTE.

Pages 258 & 259.

Ne ſçait-on pas que les ſtatues & les tableaux n'offenſent les yeux, que quand un mélange de vêtemens rend les nudités obſcenes ?

RÉPONSE.

L.

On ne sçait point cela : une belle nudité absoluë fait , selon moi , plus d'effet qu'une demi-nudité.

Fin des Remarques.

E

EXTRAIT
DE QUELQUES PENSÉES
SAINES

Qui se rencontrent dans le livre de J. J. Rousseau contre le Théâtre, ou condamnation de son système par lui-même.

Page 21. L'Effet général du Spectacle est de renforcer le caractere national, d'augmenter les inclinations naturelles, & de donner une nouvelle énergie à toutes les passions.

27. Le Théâtre rend la vertu aimable..... Il opere un grand prodige de faire ce que la nature & la raison font avant lui!

28. L'homme est né bon, je le pense, & crois l'avoir prouvé; la source de l'intérêt qui nous attache à ce qui est honnête, & nous inspire de l'aversion pour le mal, est en nous, & non dans

les Pieces ; il n'y a point d'art pour faire naître cet intérêt, mais seulement pour s'en prévaloir.

L'amour du beau est un sentiment aussi naturel au cœur humain que l'amour de soi-même : il n'y naît pas d'un arrangement de Scènes, l'Auteur ne l'y porte pas, il l'y trouve ; & de ce pur sentiment qu'il flatte, naissent les douces larmes qu'il fait couler.

(A la vûë des personnes infortunées), on di- *Page 32.*
roit que notre cœur se resserre de peur de s'attendrir à nos dépens.

Le sçavoir, l'esprit, le courage, ont seuls *40.*
notre admiration ; & toi, douce & modeste vertu, tu restes toujours sans honneurs !

Le Fanatisme n'est pas une erreur, mais une *42.*
fureur aveugle & stupide que la raison ne retient jamais.

Thieste n'est point un Héros courageux, ce *44.*
n'est point un modele de vertu, on ne peut point dire non plus que ce soit un scélérat (1) c'est un

(1) La preuve de cela, c'est qu'il intéresse.

homme foible, & pourtant intéressant par cela seul qu'il est homme & malheureux.

Page 45. Ne seroit-il pas à desirer que nos sublimes Auteurs daignassent descendre un peu de leur continuelle élévation, & nous attendrir quelquefois pour la simple humanité souffrante, de peur que, n'ayant de la pitié que pour des Héros malheureux, nous n'en n'ayons pour personne ?

Les Anciens parloient de l'humanité en phrases moins apprêtées; mais ils sçavoient mieux l'exercer.

46. *Eh que de maux*, s'écrioit un bon vieillard d'Athénes ! *les Athéniens sçavent ce qui est honnête, mais les Lacédémoniens le pratiquent.* Voilà la Philosophie moderne, & les mœurs anciennes.

79. Les Anciens avoient pour maxime que le pays, où les mœurs étoient les plus pures, étoit celui où l'on parloit le moins des femmes, & que la femme la plus honnête étoit celle dont l'on parloit le moins.

J'observe que les Anciens tiroient volontiers

leurs titres d'honneur des droits de la nature, & que nous ne tirons les nôtres que des droits du rang.

Les vieillards dans les Tragédies sont repré- *Page 82.*
sentés comme des tyrans, des usurpateurs : dans les Comédies, des jaloux, des usuriers, des pédans, des peres insupportables que tout le monde conspire à tromper. Voilà sous quel honorable aspect on montre la vieillesse au Théâtre ; voilà quel respect on inspire pour elle aux jeunes gens.

Qui peut douter que l'habitude de voir tou- *83.*
jours dans les vieillards des personnages odieux au Théâtre, n'aide à les faire rebuter dans la société, & qu'en s'accoutumant à confondre ceux qu'on voit dans le monde avec les Radoteurs & les Gérontes de la Comédie, on les méprise tous également ? observez à Paris dans une assemblée l'air suffisant & vain, le ton ferme & tranchant d'une impudente jeunesse, tandis que les anciens, craintifs & modestes, ou n'osent ouvrir la bouche, ou sont à peine écoutés.

Page 90. Titus a beau reſter Romain, il eſt ſeul de ſon parti, tous les Spectateurs ont épouſé Bérénice.

Quand même on pourroit me diſputer cet effet; quand même l'on ſoutiendroit que l'exemple de force & de vertu qu'on voit dans Titus, vainqueur de lui-même, fonde l'intérêt de la Piece, & fait qu'en plaignant Bérénice, on eſt bien aiſe de la plaindre; on ne feroit que rentrer en cela dans mes principes: parce que, comme je l'ai déja dit, les ſacrifices faits au devoir & à la vertu, ont toujours un charme ſecret, même pour les cœurs corrompus: & la preuve que ce ſentiment n'eſt point l'ouvrage de la Piece, c'eſt qu'ils l'ont avant qu'elle commence.

92. L'effet d'une Tragédie eſt tout-à-fait indépendant de celui du dénouëment.

118. Le ſeul bonheur que la plûpart des hommes connoiſſent, eſt d'être eſtimés heureux.

128. Pour changer les actions dont l'eſtime publique eſt l'objet, il faut auparavant changer les jugemens qu'on en porte.

La vie des femmes eſt un développement *Pag.*150.
continuel de leurs mœurs, au lieu que celle des
hommes, s'effaçant davantage dans l'uniformité
des affaires, il faut attendre, pour en juger,
de les voir dans les plaiſirs.

On ne voit point à Genéve ces énormes diſ- 171.
proportions de fortune qui appauvriſſent tout
un pays pour enrichir quelques habitans, & ſé-
ment la miſere autour de l'opulence.

Le plus méchant des hommes eſt celui qui 222.
s'iſole le plus, qui concentre le plus ſon cœur en
lui-même; le meilleur eſt celui qui partage également ſes affections à tous ſes ſemblables.

Le vice ne s'inſinue guere en choquant l'hon- 237.
nêté, mais en prenant ſon image; & les mots
ſales ſont plus contraires à la politeſſe qu'aux
bonnes mœurs: voilà pourquoi les expreſſions
ſont toujours plus recherchées, & les oreilles
plus ſcrupuleuſes dans les pays les plus corrompus.

Il ne ſuffit pas que le peuple ait du pain, & 241. &
vive dans ſa condition. Il faut qu'il y vive 242.

agréablement, afin qu'il en remplisse mieux les devoirs, qu'il se tourmente moins pour en sortir, & que l'ordre public soit mieux établi : les bonnes mœurs tiennent plus qu'on ne pense, à ce que chacun se plaise dans son état.

Le manége & l'esprit d'intrigue viennent d'inquiétude & de mécontentement : tout va mal quand l'un aspire à l'emploi d'un autre. Il faut aimer son métier pour le bien faire ; l'assiette de l'État n'est bonne & solide que quand tous se sentant à leur place, les forces particulieres se réünissent & concourent au bien public, au lieu de s'user l'une contre l'autre, comme elles font dans tout État mal constitué.

Cela posé, que doit-on penser de ceux qui voudroient ôter aux peuples les fêtes, les plaisirs, & toute espeçe d'amusement, comme autant de distractions qui le détournent de son travail (1) ?

Cette maxime est barbare & fausse ; tant pis

(1) M. Rousseau a dit à la page 14. « Tout amuse-

ſi le peuple n'a de temps que pour gagner ſon pain, il lui en faut encore pour le manger avec joye. Autrement il ne le gagnera pas longtemps. Ce Dieu juſte & bienfaiſant, qui veut qu'il s'occupe, veut auſſi qu'il ſe délaſſe. La nature lui impoſe également l'exercice & le repos, le plaiſir & la peine; le dégoût du travail accable plus les malheureux que le travail même.

Voulez-vous donc rendre un peuple actif & laborieux? Donnez-lui des fêtes, offrez-lui des amuſemens qui lui faſſent aimer ſon état, & l'empêchent d'en envier un plus doux; des jours ainſi perdus feront mieux valoir les autres. Préſidez à ſes plaiſirs pour les rendre honnêtes, c'eſt le vrai moyen d'animer ſes travaux.

Il faut que chacun ſente qu'il ne ſauroit 256.
trouver ailleurs ce qu'il a laiſſé dans ſon pays;

» ment inutile eſt un mal pour un être dont la vie eſt ſi » courte & le temps ſi précieux. « Il ſeroit à deſirer pour lui qu'il ſe dédît pareillement de preſque tout ſon livre.

il faut qu'un charme invincible le rappelle au ſéjour qu'il n'auroit point dû quitter ; . . . . il faut qu'au milieu de la pompe des grands Etats, & de leur triſte magnificence, une voix ſecrette leur crie inceſſamment au fond de l'ame : Ah ! où ſont les jeux & les fêtes de ma jeuneſſe ? Où eſt la concorde des citoyens ? Où eſt la fraternité publique ? Où eſt la pure joye & la véritable allégreſſe ? Où ſont la paix, la liberté, l'équité, l'innocence ? Allons chercher tout cela (1).

P. 260. 261. & 262. Je me ſouviens d'avoir été frappé dans mon enfance d'un ſpectacle aſſez ſimple, & dont pourtant l'impreſſion m'eſt toujours reſtée, malgré le temps & la diverſité des objets.

Le Régiment de Saint-Gervais avoit fait l'exercice, & ſelon la coutume, on avoit ſoupé par compagnies : la plûpart de ceux qui les com-

(1) Pourquoi tout ceci ſe trouve-t'il en pure perte dans un mauvais livre ? Quel mélange d'humanité & de monſtruoſité !

posoient se rassemblerent après le soupé dans la Place de Saint-Gervais, & se mirent à danser tous ensemble, Officiers & Soldats, autour de la fontaine, sur le bassin de laquelle étoient montés les Tambours & Fifres, & ceux qui portoient les flambeaux.

Une danse de gens égayés par un long repas sembleroit n'offrir rien de fort intéressant à voir; cependant l'accord de cinq ou six cens hommes en uniforme, se tenant tous par la main, & formant une bande qui serpentoit en cadence & sans confusion, avec mille tours & retours, mille especes d'évolutions figurées, le choix des airs qui les animoient, le bruit des Tambours, l'éclat des flambeaux, un certain appareil militaire au sein du plaisir. Tout cela formoit une sensation très-vive qu'on ne pouvoit supporter de sang froid.

Il étoit tard, les femmes étoient couchées, toutes se releverent: bien-tôt les fenêtres furent pleines de spectatrices qui donnoient un nouveau zéle aux acteurs: elles ne purent tenir long-temps à leurs fenêtres, elles descendirent;

les maîtresses venoient voir leurs maris, les servantes apportoient du vin, les enfans même éveillés par le bruit accoururent demi-vêtus entre les peres & meres : la danse fut suspendue ; ce ne furent qu'embrassemens, ris, santés, caresses : il résulta de tout cela un attendrissement général que je ne sçaurois peindre, mais que dans l'allégresse universelle on éprouve assez naturellement au milieu de tout ce qui nous est cher. Mon pere, en m'embrassant, fut saisi d'un tréssaillement que je crois sentir & partager encore. Jean-Jacques, me disoit-il, aime ton pays. Vois-tu ces bons Genevois, ils sont tous amis, ils sont tous freres, la joye & la concorde regnent au milieu d'eux. Tu es Genevois, tu verras un jour d'autres peuples ; mais quand tu voyagerois autant que ton pere, tu ne trouveras jamais leurs pareils.

On voulut recommencer la danse, il n'y eut plus moyen : on ne savoit plus ce qu'on faisoit, toutes les têtes étoient tournées d'une ivresse plus douce que celle du vin. Après avoir resté quelque temps encore à rire & à causer sur la

Plàce, il fallut ſe ſéparer ; chacun ſe retira paiſiblement avec ſa famille, & voilà comment ces aimables & prudentes femmes ramenerent leur maris, non pas en troublant leurs plaiſirs, mais en allant les partager..... Non, il n'y a de pure joye que la joye publique !

Il y avoit, dit Plutarque, chez les Lacédémoniens toujours trois danſes en autant de bandes, ſelon la différence des âges, & ces danſes ſe faiſoient au chant de chaque bande ; celle des vieillards commençoit la premiere en chantant le couplet ſuivant. *P. 263.*

> Nous avons été jadis,
> Jeunes, vaillans & hardis.

Suivoit celle des hommes, qui chantoient à leur tour, en frappant de leurs armes en cadence.

> Nous le ſommes maintenant,
> A l'épreuve à tout venant.

Enſuite venoient les enfans, qui leur répondoient en chantant de toutes leurs forces.

> Et nous bien-tôt le ſerons,
> Qui tous vous ſurpaſſerons.

F I N.

JUGEMENT DE *M. DE VOLTAIRE*, SUR LES SPECTACLES.

SAINT Thomas d'Aquin, dont les mœurs valoient bien celles de Calvin & du Pere Quesnel, Saint Thomas, qui n'avoit jamais vu de bonnes Comédies, qui ne connoissoit que des malheureux Histrions, devina pourtant que le Théâtre peut être utile : il eut assez de bon sens & de justice pour sentir le mérite de cet art, tout informe qu'il étoit : il le permit, & il l'approuva. Saint Charles Borromée examinoit lui-même les Pieces qu'on jouoit à Milan, il les munissoit de son approbation & de son seing.

Qui seront après cela les Visigohts qui voudront traiter d'empoisonneurs Rodrigue & Chimene ? plut au Ciel que les barbares ennemis du plus beau des arts, eussent la piété de Polieucte, la clémence d'Auguste, la vertu de Burrhus, & qu'ils finissent comme le mari d'Alzire!

Je regarde la Tragédie & la Comédie comme des leçons de vertu, de raison & de bienséance. Corneille, ancien Romain parmi les François, a établi une école de grandeur d'ame, & Moliere a fondé celle de la vie civile. Les génies François formés par eux appellent du fond de l'Europe les Étrangers qui viennent s'instruire chez nous, ce qui contribue à l'abondance de Paris: nos pauvres sont nourris du produit de ces ouvrages, qui nous soumettent jusqu'aux nations qui nous haïssent: tout bien pesé, il faut être ennemi de sa patrie pour condamner nos Spectacles.

J'ai toujours pensé que la Tragédie ne doit pas être un simple spectacle, qui touche le cœur sans le corriger: qu'importe au genre humain les passions & les malheurs d'un Héros de l'Antiquité, s'ils ne servent pas à nous instruire.

La véritable Tragédie est l'école de la vertu;

& la ſeule différence qui ſoit entre les Théâtres épurés & les livres de morale, c'eſt que l'inſtruction ſe trouve dans la Tragédie toute en action, c'eſt qu'elle y eſt intéreſſante, & qu'elle ſe montre relevée des charmes d'un art qui ne fut inventé autrefois que pour inſtruire la Terre & pour bénir le Ciel, & qui par cette raiſon fut appellé le langage des Dieux.

Rien ne rend les hommes plus ſociables, n'adoucit plus les mœurs, ne perfectionne plus leur raiſon, que de les raſſembler pour leur faire goûter enſemble les plaiſirs purs de l'eſprit.

Les mêmes eſprits qui bouleverſeroient un Etat pour établir une opinion ſouvent abſurde, anathématiſent les plaiſirs innocens, néceſſaires à une grande ville, & des Arts qui contribuent à la ſplendeur d'une nation : l'abolition des Spectacles feroit une idée plus digne du ſiécle d'Attila, que du ſiécle de Louis XIV.

C'eſt une des contradictions de nos mœurs, que d'un côté on ait laiſſé un reſte d'infamie attaché aux Spectacles publics, & que de l'autre on ait regardé les repréſentations comme l'exer-

cice

tice le plus noble & le plus digne des perſonnes Royales.

Si on trouvoit dans l'Antiquité un Poëme comme Armide ou comme Atys, avec idolâtrie il ſeroit reçu; mais Quinault étoit moderne.

Sentiment de Michel Montaigne, Ch. V. de la ſociété.

IL n'eſt point de ſi doux apprêt, ni de ſauce ſi appétiſſante que celle qui ſe tire de la ſociété.

Qui a ſes mœurs eſtablies en reglement au-deſſus de ſon ſiecle : ou qu'il torde & émouſſe ſes régles : ou, ce que je lui conſeille pluſtoſt, qu'il ſe retire à quartier, & ne ſe meſle point de nous. Qu'y gagnera-t-il ? On peut regretter les meilleurs temps : mais non pas fuïr aux préſens....

Pourquoi ſans nous eſmouvoir, rencontrons-nous quelqu'un qui ayt le corps tortu & mal baſti, & ne pouvons ſouffrir le rencontre d'un eſprit mal rangé, ſans nous mettre en cholere ? Cette vicieuſe aſpreté tient plus au juge qu'à la faute....

La moyenne région loge les tempeſtes : les deux extrêmes des hommes philoſophes, & des hommes ruraux, concourent en tranquillité & en bonheur.

FRAGMENT

D'UNE LETTRE

A Mᴱ. DE ****.

SUR LES SPECTACLES.

VOus me demandez, Madame, quelles conditions il faudroit pour qu'une Tragédie fût parfaite ? Je n'en connois qu'une seule. Il faudroit qu'elle nous rendît meilleurs.

Exigeons cet effet, & laiſſons la liberté des moyens.

Pour parvenir à un ſuccès ſi deſirable, je crois qu'il ſeroit néceſſaire d'avoir un génie neuf, élevé, nerveux, qui, ne reconnoiſſant de regles que ſon ſentiment, ne bâtiſſe point ſur le deſſein d'autrui : un tel homme ſeroit notre Démoſthenes ; mais la ſervitude & le dégoût ne le formeront jamais, & je ne ceſſe pas d'être étonné que nous ayons encore de si bons Auteurs.

Une de nos especes d'Authomates, sans aucun fonds propre, Dogmatistes, Formalistes, Compilateurs & Dissertateurs, qu'on nomme Sçavans, se sont arrogés le droit de donner des préceptes sur un Art qui n'a de loi que la nature : ils ont jetté les Auteurs dans un labyrinthe de regles embarrassantes & ridicules : ils leur ont mis des entraves jusqu'à la façon de rendre leurs idées ; continuellement resserrés & contraints dans la froide & pénible méthode, le but leur échappe : cette méthode, si étrangere aux passions, produit quantité de petites beautés de détail, mais qui ne sortant pas essentiellement du sujet, forment un ensemble de pieces de rapport, sans force, & incapable de causer de grandes émotions.

Après avoir fini l'ouvrage, il faut l'aller présenter à l'assemblée des Acteurs, avoir le talent de leur plaire, se soumettre à tous leur caprices, refondre les rôles principaux à leurs volontés, chacun exigeant le sien suivant son talent, n'importe le caractere total de la Piéce.

Ce n'eſt pas tout : loin d'encourager la timidité d'un jeune Auteur, qui ſe diſtingue, par des honneurs publics, par une penſion de l'Etat, on l'abandonne à une troupe de Harpies qui habite le Spectacle ; & lorſqu'il ne ſe trouve pas aſſez riche pour leur donner de la pâture, & les raſſaſier à une bonne table, ces animaux deſtructeurs déchirent ſon Ouvrage, & attaquent ſa perſonne ; le Public s'en divertit, & l'Auteur ſenſé ſe retire.

C'eſt ainſi que, ſans y faire attention, nous nous privons de bien des génies lumineux, capables, peut-être, de nous faire ſortir de la médiocrité & de la frivolité dans leſquelles nous languiſſons.

Le goût ſeul devroit être le conſeiller des talents ; il ſeroit à ſouhaiter qu'il fût toujours le pere de la critique, & que le fiel & la noirceur n'en compoſaſſent pas autant de ſatyres empoiſonnées. Un Auteur judicieux s'habitueroit alors à y faire attention ; il la regarderoit comme ſon amie, & ſe perfectionneroit volontiers avec elle.

Mais toutes ces ſortes de libelles, où la haine & le menſonge prennent impudemment le langage de la vérité, dégoûtent les plus beaux génies, étouffent les talents, & détruiſent l'émulation.

Anéantir le mérite, n'eſt pas le métier d'un honnête homme. Je n'ai jamais blâmé qu'avec peine; rempli de plaiſirs, j'approuve avec avidité, & la louange ne me paroît voluptueuſe que quand je trouve à la donner.

Mais, Madame, vous deſirez des détails, je vais hazarder quelques idées ſur un ſujet que je ne regarde point comme indifférent.

Je crois que le but digne de la Tragédie, eſt d'élever notre ame par des vertus mâles, de la rendre amoureuſe du beau, de lui donner de l'émulation par des exemples d'un aimable héroïſme, & de la tirer enfin d'un certain engourdiſſement qui n'eſt à préſent que trop général; je voudrois qu'une Piéce de Théâtre engageât par amour-propre chaque Auditeur à être auſſi honnête homme que Scipion, à être auſſi conſtant qu'Annibal.

L'amour peut faire le sujet principal d'une Tragédie, ainsi que les autres passions dominantes de l'homme, naturelles ou acquises.

Un amour vertueux peut même quelquefois se mêler avec d'autres passions par elles-mêmes peu saillantes; il en adoucit les caracteres, il anime l'action, & pour tout dire en un mot, il attendrit le Spectateur. L'esprit saisit bien une pensée, il s'en amuse, mais le profit en appartient au cœur, & la principale affaire est de le mettre de la partie. L'amour est pour lui un sentiment tellement attrayant, qu'on peut l'amener aux vertus les plus difficiles, en se servant habilement de cette passion. Elle est la simpathie des hommes, & un Héros amoureux est sûr de trouver dans chacun de nous un partisan. Nous nous en approchons avec plaisir, toutes ses actions nous intéressent, elles deviennent en quelque façon personnelles; il aime comme nous, nous voulons agir comme lui; la réflexion n'y a point de part. C'est une impression subite & naturelle qui nous entraîne délicieusement.

C'est pourquoi je ne puis supporter qu'on nous accoutume à regarder l'amour comme contraire à l'honneur, l'excuse du crime, & la source des plus noirs excès.

Quel avantage un Auteur peut-il espérer d'un portrait si odieux ? Le sentiment qu'il nous dépeint ainsi, nous est aussi propre que notre existence, & ne nous étant pas possible de le haïr, n'est-il pas à craindre que nous ne nous accoutumions enfin aux vices sous lesquels on s'efforce de nous le montrer ?

Pourquoi ne nous point faire connoître l'amour sous une forme estimable ? Il n'a point d'autre pouvoir que de donner de l'effervescence à nos penchans naturels. Il est bon, magnanime, capable des plus grandes choses dans une belle ame ; il n'est dangereux que dans un cœur criminel. Il a causé de grands malheurs, il est vrai, mais n'a-t-il pas aussi formé de grands hommes ?

Pourquoi vouloir nous donner pour modeles les scélerats de l'Antiquité ? Verrons-nous continuellement infecter la Scene d'un Radamiste, d'un Cinna (1), d'un Oreste, ou d'une Médée ? Quel talent malheureux que celui de nous faire prendre intérêt aux crimes les plus atroces, & de nous faire courir à des monstres qui effrayent la nature !

Un Auteur ne se rendroit-il pas plus estimable, s'il nous faisoit aimer la vertu par la vertu même ? Que de faits n'a-t'on pas à nous donner pour exciter en nous une noble émulation !

Il me semble qu'il feroit aussi naturel & plus touchant encore, que l'amour rappellât un criminel à la vertu, que d'entraîner dans le crime

---

(1) Auguste veut se démettre de l'Empire; Cinna l'en détourne; il lui persuade de rester sur le trône, pour avoir le prétexte d'assassiner son bienfaiteur & son ami, & parvenir par l'atrocité de ce crime à plaire à sa Maîtresse.

Ce caractere monstrueux est en pure perte pour celui d'Auguste : en lui pardonnant, il reste toujours Tyran; c'est la crainte & la politique seules qui lui arrachent ce pardon, & non pas la clémence.

un cœur plein de candeur & d'innocence.

Un amour qui avilit le Héros, ne me paroît pas devoir faire le sujet d'une bonne Tragédie.

Vous voulez aussi, Madame, sçavoir ce que je pense des dernieres Tragédies de M. de Voltaire; je vous obéirai, dans l'espérance que vous engagerez votre amie à lui communiquer ce que je vais vous en dire; présenté par les mains de la persuasion, il sera peut-être tenté d'y faire quelqu'attention.

Le sublime semble être sa nature; la perfection de ses ouvrages dépend de lui; la solitude, le travail exact, réfléchi, long & pénible, la combinaison qui arrange toutes les parties au profit de son objet, sont des secondes qualités qui sont toujours à la volonté du grand génie.

Je ne dissimulerai point ici l'effet que m'a causé Zaïre; elle m'a souvent touché jusqu'à me faire répandre des larmes. Cependant je ne puis la regarder que comme une Poësie Pastorale, que comme un Poëme vraiment digne de notre Opéra, où l'on n'observe d'autres loix que celle d'amolir notre cœur : mais je la trouve absolument déplacée au Théâtre de la Comédie, qui doit être considéré comme l'Académie de nos mœurs.

En sortant d'avec Zaïre, lorsque l'on s'examine sur l'impression qu'elle nous a faite, on ne se trouve que de la tendresse ; on est agité jusqu'à la fureur : Qualité héroïque, il est vrai, pour des Bergers ; mais non pour des hommes qui doivent un jour défendre la patrie, ou gouverner l'Etat, & qui tous viennent déterminer leurs penchans dans les préceptes de la Comédie.

Son Brutus est une Pièce qui marquera à jamais le génie admirable de l'Auteur.

Il auroit été à desirer qu'au milieu de tant de beautés qui composent cet Ouvrage, M. de Voltaire se fût permis de remplir son objet ; c'étoit la catastrophe de l'orgueil & de l'ambition ; tout annonçoit un exemple terrible des précipices dans lesquels ces cruelles passions entraînent un grand homme. Les Spectateurs en étoient déja émus : quelle surprise pour eux ? Tout-à-coup l'objet change ; ce n'est plus une conjuration, c'eſt une intrigue amoureuſe; ſans à propos; ſans vraiſemblance, on met gratuitement ſur le compte de l'amour les crimes de l'ambition; & M. de Voltaire ſe réſout à s'écarter d'une hiſtoire connue en faveur d'une épiſode qui détruit le fonds de ſon ſujet.

Avoir en même-temps rendu Titus forcené d'amour & d'ambition, c'eſt nous avoir préſenté un être impoſſible, que nous ne pouvons pas ſuivre. On a beau vouloir nous y intéreſſer, on ne réuſſit point. L'unité d'intérêt (ou de mouvement), eſt rompue : elle eſt plus néceſſaire encore que l'unité de temps & de lieu : Titus ne doit pas être amant (1). L'amour paroît révoltant dès qu'il eſt déplacé.

Nous avons de bien juſtes reproches à faire à M. Scudery, à ſa ſœur, & à M. de la Cal-

(1) Qu'on ne diſe point que l'amour eſt une loi du Théâtre François. Le ſecond Brutus, dans la Mort de Céſar, & pluſieurs autres Héros ne ſont point amoureux.

prenéde. Ce ſont eux qui, les premiers, ont établi l'amour le principe de toutes les actions des hommes, & de généreux François que nous étions, nous ont rendus de véritables Sibarites.

Ils ont tout perverti ! Cirus n'a traversé l'Aſie, la Médie, l'Hircanie, la Perſe ; il n'a conquis tant de Provinces, n'a fondé un ſi puiſſant Empire, que pour délivrer Mandâne, ſa Maîtreſſe, qui avoit été enlevée huit fois.

Ainſi de tous les autres grands hommes de l'Antiquité : ce ne ſont plus que d'agréables Débauchés qui courent après des Avanturieres.

En nous pénétrant de leurs Romans enchanteurs, nous avons cru nous polir ; nous nous ſommes affoiblis, nous nous ſommes avilis !

Il n'y a peut-être aujourd'hui que M. de Voltaire qui puiſſe, par la force de ſes Tableaux, s'oppoſer avec ſuccès au goût efféminé de ce ſiecle.

Qu'il ſoit le cenſeur de notre moleſſe, & qu'il n'en devienne jamais le complice.

FIN.

ERRATA.

Page 32. *dans le Texte* ; 80. *liſez* 86.

Page 52. *ligne* 10. article XXXIX. Raiſon originale : *liſez* Raiſon originale de la pudeur du ſexe.

www.ingramcontent.com/pod-product-compliance
Ingram Content Group UK Ltd.
Pitfield, Milton Keynes, MK11 3LW, UK
UKHW021557260726
13993UKWH00002B/902

9 782329 296975